Dr. Arons

Die Actenstücke des Disciplinarverfahrens

Salzwasser

Dr. Arons

Die Actenstücke des Disciplinarverfahrens

1. Auflage | ISBN: 978-3-84604-819-1

Erscheinungsort: Frankfurt, Deutschland

Erscheinungsjahr: 2020

Salzwasser Verlag GmbH

Reprint of the original, first published in 1900.

Dr. Arons

Die Actenstücke des Disciplinarverfahrens

Salzwasser

Die

Actenstücke des Disciplinarverfahrens

gegen den

Privatdocenten Dr. Arons.

•◆•

Berlin.

Druck und Verlag von Georg Reimer.

1900.

Vorwort.

Das Disziplinarverfahren, das mit meiner Entfernung von der Berliner Universität endete, ist in der Tagespresse fortlaufend Gegenstand einer weitgehenden Erörterung gewesen. Die Darstellungen, mit sich selbst mannigfach in Widerspruch, waren nicht im Stande, ein zutreffendes Bild von den Thatsachen zu geben.

Solange das Verfahren schwebte, habe ich geglaubt, meinerseits Zurückhaltung üben zu sollen. Nachdem das Verfahren beendet ist, lege ich die Actenstücke im Wortlaut (an parteipolitisch unbefangener Verlagsstelle) der Oeffentlichkeit vor. Eines jeden Zusatzes habe ich mich enthalten.

Berlin, im Februar 1900.

Dr. **Leo Arons.**

Inhaltsübersicht.

---

1. Der Beschluß betr. Eröffnung des Verfahrens und Verfügung der Suspension.

Gegen den Privatdozenten in der philosophischen Fakultät der Königlichen Friedrich=Wilhelms=Universität zu Berlin
Dr. Leo Arons

wird auf Grund des § 5 des Gesetzes vom 17. Juni 1898, betreffend die Disziplinarverhältnisse der Privatdozenten an den Landesuniversitäten, der Akademie zu Münster und dem Lyceum Hosianum zu Braunsberg, das förmliche Disciplinarverfahren mit dem Ziel der Entziehung der Eigenschaft als Privatdozent eröffnet. Zugleich wird die dem Genannten ertheilte Erlaubniß, Vorlesungen an der hiesigen Universität zu halten gemäß § 2 des obengenannten Gesetzes und § 50 des Gesetzes vom 21. Juli 1852, betreffend die Dienstvergehen der nicht richterlichen Beamten pp., einstweilen suspendirt.

Gründe:

Der Privatdozent Dr. Leo Arons erscheint hinreichend belastet, die auf den Umsturz der bestehenden Staats= und Wirthschafts= ordnung gerichteten Bestrebungen der sozialdemokratischen Partei, zu der er sich seit Jahren bekennt, bewußt unterstützt und ge= fördert zu haben und agitatorisch für diese Partei wiederholt bis in die jüngste Zeit eingetreten zu sein.

Dr. Arons hat hierdurch die ihm als akademischer Lehrer ob= liegenden Pflichten gröblich verletzt und sich der Achtung und des Vertrauens, die sein Beruf erfordert, unwürdig gezeigt.

Berlin, den 13. April 1899.

Der Minister
der geistlichen, Unterrichts= und Medizinal=Angelegenheiten.
Bosse.

Beschluß.

B. No. 863.

2. Die Anschuldigungsschrift des Staatsanwalts.

Anschuldigungsschrift

in der Disziplinar=Untersuchungssache gegen den Privatdozenten
in der philosophischen Facultät der Königl. Friedrich=Wilhelms=
Universität zu Berlin, Dr. Leo Arons, wohnhaft zu Berlin,
Königgrätzerstraße 109.

Der Angeschuldigte Dr. Leo Arons, geb. den 15. Februar
1860 zu Berlin als Sohn des Kaufmanns Albert Arons, kon=
fessionslos, verheirathet mit der Tochter des Banquiers Julius
Bleichröders hierselbst und Vater zweier Kinder, disziplinarisch
wegen unpassender Agitation*) mit einer Verwarnung seitens der
philosophischen Fakultät der hiesigen Königl. Friedrich=Wilhelms=
Universität auf Grund des § 52 der Fakultätsstatuten unterm
25. Juli 1895 vorbestraft, studirte in den Jahren 1878—1884 an
den Universitäten Leipzig, Würzburg, Berlin und Straßburg und
wurde von der philosophischen Fakultät der letztgenannten Hochschule
am 15. December 1884 zum Doktor der Philosophie promovirt.
Vom Jahre 1885 an als Assistent am Physikalischen Institut in
Straßburg thätig, habilitirte er sich daselbst am 24. Juli 1888
als Privatdozent für das Fach der Physik. Unterm 1. Oktober
1889 übernahm er die Stelle eines Assistenten am hiesigen physi=
kalischen Institut und wurde am 4. August 1890 auch als Privat=
dozent an der hiesigen Universität zugelassen. Aus der Assistenten=
stelle schied Dr. Arons Ende März 1893 aus; in seiner Eigen=
schaft als Privatdozent gehört er der hiesigen Universität auch heute
noch an.

Der Angeschuldigte hat notorisch seit Jahren die staatsfeind=
lichen und antimonarchischen Bestrebungen der Sozialdemokratie,
wo immer sich dazu Gelegenheit bot, in agitatorischer Weise zu
fördern gesucht.

Der Herr Unterrichtsminister hat daher durch Beschluß vom
13. April 1899 auf Grund der Erwägung, daß der Privatdozent
Dr. Leo Arons hinreichend belastet erscheine, die auf den Umsturz

---

*) S. u. pag. 18.

der bestehenden Staats= und Wirthschaftsordnung gerichteten Bestre=
bungen der sozialdemokratischen Partei, zu der er sich seit Jahren offen
bekennt, bewußt unterstützt und gefördert zu haben und agitatorisch für
diese Partei wiederholt bis in die jüngste Zeit eingetreten zu sein,
sowie in fernerer Erwägung, daß derselbe hierdurch die ihm als
akademischer Lehrer obliegenden Pflichten gröblich verletzt und sich
des Ansehens und des Vertrauens, die sein Beruf erfordert, un=
würdig gezeigt und sich so eines Disziplinarvergehens im Sinne
des § 1 des Gesetzes vom 17. Juni 1898, betreffend die Diszi=
plinarverhältnisse der Privatdozenten pp. schuldig gemacht habe, auf
Grund des § 5 des genannten Gesetzes das förmliche Disziplinar=
verfahren mit dem Ziele der Entziehung der Eigenschaft als
Privatdozent gegen denselben eröffnet. Zugleich ist die dem
Dr. Arons ertheilte Erlaubniß, Vorlesungen an der hiesigen
Universität zu halten, gemäß § 2 des oben genannten Gesetzes
und § 50 des Gesetzes vom 21. Juli 1852 betreffend die Dienst=
vergehen der nicht nicht richterlichen Beamten pp., einstweilen
suspendirt worden. Der Universitätsrichter, als der nach § 4 Abs. 4
des Gesetzes vom 17. Juni 1898 zuständige Untersuchungskommissar
hat die Voruntersuchung geführt und diese am 5. Juni 1899 ab=
geschlossen.

Der Angeschuldigte hat zugestanden, daß er der sozialdemo=
kratischen Partei angehöre und ihre Bestrebungen zu fördern sich
bemühe. Nach dem Organisationsstatut der Partei bedinge die
Zugehörigkeit zur Partei auch die Anerkennung des sogenannten
„Erfurter Programms" vom Jahre 1891, des offiziellen Programms
der sozialdemokratischen Partei. Dieses Programm habe er in
verschiedenen Versammlungen zum Gegenstande seiner Ausführungen
gemacht, insbesondere auch in einer Versammlung zu Nieder=
Schönhausen am 13. Juni 1898, wo er zugleich dafür Sorge ge=
tragen habe, daß jeder Theilnehmer an derselben ein Exemplar des
Programms in Händen gehabt habe. Der Angeschuldigte hat
ferner zugestanden, daß er dem sozialdemokratischen Wahlverein für
den zweiten Berliner Reichstagswahlkreis angehöre und der sozial=
demokratischen Parteikasse ziemlich regelmäßig monatliche Zuwen=
dungen mache. Als Delegirter des zweiten Berliner Reichstags=
wahlkreises Frankfurt a./O.=Lebus habe er an den sozialdemokrati=
schen Parteitagen in Köln 1893, Frankfurt a./M. 1894, Breslau

1895, Gotha 1896 und Hamburg 1897 theilgenommen. Wieder=
holt und bis in die neueste Zeit hinein sei er als Redner in sozial=
demokratischen Versammlungen in Berlin, in der Umgegend Berlins,
auch an anderen Orten (Apolda, Jlmenau) aufgetreten und habe
hier für die sozialdemokratische Lehren Propaganda zu machen ge=
sucht. Auch an den seitens der sozialdemokratischen Partei ver=
anstalteten „Maifeiern" habe er sich mehrfach betheiligt. In einer
bei solcher Gelegenheit am 1. Mai 1896 in der Unionsbrauerei in
Berlin gehaltenen Festrede sagte der Angeschuldigte nach seiner
eigenen Angabe:

> „Zu fröhlichem Fest versammelt haben wir uns im Augen=
> blick unserer Pflichten erinnert und wollen uns geloben, diesen
> Pflichten treu zu sein. Die erste ist, uns unermüdlich in die
> Ideen des Sozialismus zu vertiefen und ihre Verbreitung
> zu fördern. . . Eine zweite, unverbrüchlich den internationalen
> Gedanken zu pflegen."

Dann schloß er seine Ausführungen mit folgenden Worten:

> „Ein Zeichen dessen, daß wir uns auch heut wieder die Er=
> füllung der hohen Pflichten, an die uns die Feier des ersten
> Mai gemahnt, geloben und gewillt sind, ihnen, soweit es in
> unseren Kräften steht, nachzuleben, soll es sein, wenn Sie
> jetzt mit mir einstimmen in unseren Jubelruf: Hoch die inter=
> nationale, die Völker und Menschen befreiende Sozialdemo=
> kratie!"

Um die von dem Angeschuldigten besonders betriebene Betheiligung
der Sozialdemokraten an den preußischen Landtagswahlen zu
fördern, hat derselbe im Herbst 1898 „im Auftrage des Vorstandes
der sozialdemokratischen Partei" eine Schrift: „Die preußischen
Landtagswahlen" herausgegeben, um den „zur Agitation berufenen
Genossen Belehrung über die mannigfachen Fragen der preußischen
Landtagswahlen zu geben." Alle diese Thatsachen hat der Ange=
schuldigte zugestanden, indem er ausdrücklich erklärte, daß er die
sozialdemokratischen Bestrebungen, die seiner innersten Ueberzeugung
nach berechtigt und nothwendig seien, zu fördern sich angelegen sein
lasse, daß er aber bestreiten müsse, durch diese seine Thätigkeit als
Angehöriger und Förderer der sozialdemokratischen Partei irgend=
wie seine Pflichten als akademischer Lehrer verletzt zu haben.

Diese Ansicht des Angeschuldigten, daß er durch sein agitato=
risches Eintreten für die sozialdemokratische Partei die ihm als
Lehrer an einer staatlichen Lehranstalt obliegenden Pflichten nicht
verletzt habe, ist falsch. Das oben erwähnte „Erfurter Programm"
bezeichnet deutlich als das Ziel der Partei die vollständige Um=
gestaltung unserer gegenwärtigen Staats= und Wirthschaftsordnung
mit Hülfe der zur politischen Macht gelangten Arbeiterklasse.

„Der Kampf der Arbeiterklasse gegen die kapitalistische Aus=
beutung" so heißt es wörtlich „ist nothwendiger Weise ein
politischer Kampf. Die Arbeiterklasse kann ihre ökonomischen
Kämpfe nicht führen und ihre ökonomische Organisation nicht
entwickeln, ohne politische Rechte. Sie kann den Uebergang
der Produktionsmittel in den Besitz der Gesammtheit nicht
bewirken, ohne in den Besitz der politischen Macht gekommen
zu sein. Diesen Kampf der Arbeiterklasse zu einem bewußten
und einheitlichen zu gestalten und ihm sein naturnothwendiges
Ziel zu weisen, — das ist die Aufgabe der sozialdemokratischen
Partei."

Die Verwirklichung dieses Programms ist nur auf dem Wege
der Gewalt, d. h. der Revolution möglich. Wenn auch hie und
da behauptet wird, daß sich diese Umwälzung allmählich vollziehen
könne, so ist doch für jeden Einsichtigen klar, daß, wenn die Partei
die Macht zur Verwirklichung ihrer Ziele hätte, sie bis zu deren
Erreichung auf gesetzmäßigem Wege schwerlich warten würde. Auch
hat die Partei selbst diesen Glauben, daß die Umwälzung auf fried=
lichem Wege erfolgen werde, als einen thörichten zurückgewiesen.
Als auf dem Wydener Kongreß im Jahre 1880 das Wort „gesetz=
lichen" („mit allen gesetzlichen Mitteln") aus dem damaligen Partei=
programme gestrichen worden war, wurde mit Rücksicht hierauf in
dem offiziellen Wydener Manifest gesagt:

„Die erdrückende Mehrzahl der deutschen Sozialdemokraten
hat sich niemals dem Wahne hingegeben, daß sie ihre
Grundsätze in aller Friedlichkeit auf dem rein „gesetzlichen"
Wege würde durchsetzen können, das heißt, daß die bevor=
rechteten Klassen freiwillig und ohne Zwang ihre bevorrechtete
Stellung aufgeben würden . . . . Will es
nicht biegen von oben herab, so muß es brechen von unten
hinauf."

Die preußische Rechtsprechung in Disziplinarsachen hat nun
ganz konsequent von jeher sich dahin ausgesprochen, daß ein Be=
amter, welcher die Bestrebungen dieser revolutionären Partei be=
wußterweise unterstützt und fördert, sich des Ansehens und des
Vertrauens, die sein Beruf erfordert, unwürdig macht. Was für
den Beamten im allgemeinen gilt, gilt selbstverständlich zunächst für
die an den staatlichen Universitäten angestellten Lehrer, muß aber
nicht minder auch für die an dem Lehrgeschäft der Universitäten
unter staatlicher Autorität theilnehmenden Privatdozenten gelten.
Sind diese auch nicht Beamte im strengen Sinne des Wortes, so
sind sie trotz alledem verpflichtet in und außerhalb ihrer akademischen
Lehrthätigkeit die Grundlagen der bestehenden Staats= und Rechts=
ordnung, auf der ihre venia legendi und ihre gesammte Wirk=
samkeit bei der Universität beruht, nach besten Kräften zu schützen
und zu erhalten. Auch ohne ein Ausnahmegesetz zur Bekämpfung
der Sozialdemokratie folgt für die Beamten und alle Lehrer der
akademischen Jugend, gleichgültig, ob sie das Amt eines Professors
bekleiden oder als Privatdozenten thätig sind, aus deren allgemeiner
Verpflichtung, zur Aufrechterhaltung der bestehenden Rechts= und
Staatsordnung mitzuwirken, die Unzulässigkeit irgend welcher
Förderung oder Begünstigung der auf Untergrabung dieser Rechts=
und Staatsordnung abzielenden sozialdemokratischen Bestrebungen.

Von dem Herrn Unterrichtsminister in der vorliegenden Dis=
ziplinarsache mit den Verrichtungen der Staatsanwaltschaft beauf=
tragt, klage ich hiernach den Privatdozenten Dr. Leo Arons an:

> durch sein agitatorisches Eintreten für die sozialdemo=
> kratische Partei die ihm als akademischer Lehrer obliegenden
> Pflichten verletzt und sich hierdurch der Achtung und des
> Vertrauens, die sein Beruf erfordert, unwürdig gezeigt zu
> haben,

und beantrage:

> die philosophische Fakultät der Kgl. Friedrich=Wilhelms=
> Universität hierselbst wolle auf Grund der §§ 1, 3, 6
> des Gesetzes, betreffend die Disziplinarverhältnisse der
> Privatdozenten an den Landesuniversitäten, der Aka=
> demie zu Münster und dem Lyceum Hosianum zu
> Braunsberg, vom 17. Juni 1898 gegen denselben auf

Entziehung der Eigenschaft als Privatdozent erkennen, ihm auch die Kosten des Verfahrens zur Last legen.

Berlin, den 7. Juli 1899.

Elster.

Geheimer Regierungsrath.

---

3. Das Urtheil der philosophischen Fakultät als erster Instanz.

Im Namen des Königs!

In der Disziplinaruntersuchung

gegen

den Privatdozenten Dr. Leo Arons in Berlin

hat die Philosophische Fakultät der Königlichen Friedrich-Wilhelms-Universität in Berlin auf Grund der mündlichen Verhandlung vom 22. Juli 1899 unter Mitwirkung

des Dekans Professor Dr. H. A. Schwarz als Vorsitzenden, des Geheimen Regierungsrathes Professor Dr. Weinhold, des Geheimen Regierungsrathes Professor Dr. Bahlen, des Geheimen Regierungsrathes Professor Dr. Wagner, des Geheimen Regierungsrathes Professor Dr. Kirchhoff, des Professor Dr. Schmoller, des Geheimen Regierungsrathes Professor Dr. Dilthey, des Geheimen Regierungsrathes Professor Dr. Schwendener, des Professor Dr. Weber, des Geheimen Regierungsrathes Professor Dr. Landolt, des Geheimen Regierungsrathes Professor Dr. Möbius, des Professor Dr. Fuchs, des Professor Dr. Hübner, des Professor Dr. Tobler, des Geheimen Regierungsrathes Professor Dr. Schulze, des Professor Dr. Köhler, des Geheimen Regierungsrathes Professor Dr. Sachau, des Professor Dr. Hirsch-feld, des Geheimen Regierungsrathes Professor Dr. Grimm, des Geheimen Regierungsrathes Professor Dr. Joh. Schmidt, des Geheimen Regierungsrathes Professor Dr. Kekule von Stradonitz, des Professor Dr. Stumpf, des Geheimen Regierungsrathes Professor Dr. Förster, des Geheimen Regierungsrathes Professor Dr. Freiherrn von Richt-hofen, des Professor Dr. Warburg, des Geheimen Regierungsrathes Professor Dr. Freiherrn von Wilamowitz-Moellendorff, des Professor Dr. Scheffer-Boichorst, des Geheimen Bergrathes Professor Dr. Klein, des Geheimen Regierungsrathes Professor Dr. Engler, des

Professor Dr. Erich Schmidt, des Professor Dr. Lenz, des Geheimen Regierungsrathes Professor Dr. Diels, des Geheimen Regierungsrathes Professor Dr. Helmert, des Professor Dr. Branco, des Professor Dr. Brandl, des Professor Dr. Frobenius, des Professor Dr. Erman, des Professor Dr. Planck, des Professor Dr. Delitzsch, des Professor Dr. Paulsen, des Professor Dr. Delbrück, des Professor Dr. Bauschinger, des Professor Dr. Sering als beisitzender Richter, — des Geheimen Regierungsrathes Dr. Elster als Beamten der Staatsanwaltschaft, des Universitätssekretärs Kanzleirath Wetzel als Gerichtsschreibers,

für Recht erkannt:

> daß der Angeschuldigte von der gegen ihn erhobenen Anklage freizusprechen,
> daß die Kosten des Verfahrens der Königlichen Staatskasse aufzuerlegen.

Von Rechts Wegen.

Entscheidungsgründe.

Die Philosophische Fakultät der Königlichen Friedrich-Wilhelms-Universität zu Berlin konnte dem Antrage der Königlichen Staatsanwaltschaft vom 7. Juli 1899, dem Privatdozenten Dr. Leo Arons die Eigenschaft als Privatdozent zu entziehen und ihm die Kosten des Verfahrens zur Last zu legen, nicht zustimmen,

I. weil sie die Zugehörigkeit eines Privatdozenten zur sozialdemokratischen Partei an sich nicht als Grund zur Enthebung ansieht,

II. weil sie sein seit der Verwarnung vom 25. Juli 1895*) erfolgtes agitatorisches Eintreten für die sozialdemokratische Partei nicht als ein die erlaubte Grenze so überschreitendes ansehen kann, daß die Entziehung der venia legendi angezeigt wäre.

I.

Die Anschuldigungsschrift betont zwar in der Fassung ihres Schlußpassus nur, daß Dr. Arons durch sein agitatorisches Eintreten für die sozialdemokratische Partei die ihm als akademischem Lehrer obliegenden Pflichten verletzt und sich hierdurch der Achtung

*) Abgedruckt pag. 18.

und des Vertrauens, die sein Beruf erfordert, unwürdig gezeigt habe; aber der Herr Staatsanwalt kam in der mündlichen Verhandlung stets darauf zurück, nicht auf die Agitation, sondern auf die Zugehörigkeit zur sozialdemokratischen Partei und auf das Bekenntniß zum Erfurter Programm komme es an, die vollständige Umgestaltung unserer gegenwärtigen Staats= und Wirthschaftsordnung, welche dieses Programm anstrebt, sei nur im Wege der Gewalt und der Revolution möglich.

Die Philosophische Fakultät verkennt nicht, daß es in der sozialdemokratischen Partei Elemente gegeben hat und noch giebt, welche zur Revolution und Gewalt neigen, aber sie ist überzeugt, daß es ebenso viele Mitglieder und zwar gerade auch unter den angesehenen Führern der Partei giebt, welche jede Gewalt und Revolution perhorresziren. Sie beruft sich hierfür

1. auf das Sozialistengesetz vom 21. Oktober 1878, das ja gerade die „sozialdemokratischen" Bestrebungen an sich für nicht strafbare erklärte im Gegensatz zu den weitergehenden sozialdemokratischen Bestrebungen, welche den Umsturz der bestehenden Staats= und Gesellschaftsordnung bezwecken.

Indem das Gesetz so zwischen erlaubten und unerlaubten „sozialdemokratischen" Bestrebungen unterschied, wollte es die Aufhetzung, den direkten und indirekten Appell an die Gewalt, aber nicht die sozialdemokratischen Ideen, deren Bekenntniß und Vertheidigung verfolgen. Es erscheint der Fakultät unzulässig, jetzt, nachdem das Gesetz gefallen ist, zu präsumiren, jedes Bekenntniß zur Partei schließe revolutionäre, gewaltthätige Absichten in sich.

Die Fakultät beruft sich

2. auf die bekannte neuere Entwickelung innerhalb der Sozialdemokratie, welche z. B. der Staatssekretär Graf von Posadowsky im Reichstage am 13. Dezember 1897 anerkannte. Er erklärte den Sozialdemokraten, Konzessionen in Bezug auf das Koalitionsrecht seien nicht möglich, so lange sie solchen politischen und wirthschaftlichen Phantasmen, wie gegenwärtig, anhingen, und fügte bei: Ich nehme an, meine Herren, Sie werden von diesen Phantasmen zurückkommen, und ich behaupte, ein Theil von Ihnen ist innerlich schon davon zurückgekommen. (Stenogr. Berichte über die Verhandlungen des Reichstages. IX. Legislaturperiode. V. Session. Erster Band, Seite 175.)

Die Fakultät kann sonach, wie sie überhaupt eine Gesammt-
verantwortlichkeit aller Mitglieder einer Partei für die Ansichten
und Handlungen einzelner Führer oder Theile derselben nicht an-
zuerkennen vermag, Dr. Arons als Sozialdemokraten an sich nicht
removiren, es sei denn, daß ihm persönlich nachzuweisen wäre, daß
er auf Revolution und gewaltsame Aenderung der bestehenden
Staats- und Rechtsordnung sinne. Dafür ist aber ein Beweis von
der Anklage auch nicht einmal versucht worden. Die Fakultät ist
nach ihrer Kenntniß des Charakters sowie der Handlungen und
Reden von Dr. Arons sicher, daß er zu dem Theile der Partei
gehöre, welcher die Gewalt verschmäht. Die Fakultät glaubt dies
um so zweifelloser annehmen zu können, als Dr. Arons in der
mündlichen Verhandlung vor der Fakultät erklärte, er sei erst nach
Annahme des Erfurter Programms der sozialdemokratischen Partei
beigetreten, d. h. erst nachdem das Wydener Programm mit seiner
Billigung der ungesetzlichen Mittel beseitigt gewesen sei.

Die Fakultät befindet sich mit diesem ihrem prinzipiellen
Standpunkt auf demselben Boden, den sie seit 1894 eingenommen
hat, den sie dem Herrn Kultusminister in allen ihren Berichten
darlegte und zwar stets mit dem Ausdruck der Hoffnung, hierin im
Einklang mit dem Kultusministerium zu sein. Sie ist erst am
7. Februar 1899 darüber belehrt worden, daß das Kultusministerium diesen Standpunkt nicht theile.

II.

Konnte somit die Fakultät nicht zu dem Schlusse kommen, daß
dem Dr. Arons wegen seiner Zugehörigkeit zur sozialdemokratischen
Partei an sich die venia legendi zu entziehen sei, so hatte sie sich
nun die weitere Frage vorzulegen, ob in der Art seiner persön-
lichen Agitation für die Parteizwecke, hauptsächlich derjenigen, die
er nach der durch die Fakultät am 25. Juli 1895 ihm ertheilten
Verwarnung sich erlaubte, ein genügender Grund zur Remotion liege.

Die Fakultät hat nie verkannt, daß die Privatdozenten nach
der Natur ihrer Stellung an den Königlichen Universitäten sich in
aller politischen Agitation, vollends in der sozialdemokratischen gegen
die bestehende Regierung und Staatsordnung gerichteten in gewissen
Grenzen des Taktes und des Anstandes zu halten, sich aller ungerechten, unwahren Behauptungen und gehässigen Angriffe zu ent-

halten haben; sie ist sich stets bewußt gewesen, daß ihre Lehrer nicht wie ganz freie unabhängige Staatsbürger agitatorisch auftreten können, daß deren Pflichten durch das Disziplinargesetz und die Natur staatlicher Lehranstalten zwar nicht im Einzelnen fixirt, aber um so unzweifelhafter im Allgemeinen gegeben sind. Sie hat demgemäß am 25. Juli 1895 dem Privatdozenten Dr. Arons wegen seiner diese Grenze überschreitenden Agitationen eine Verwarnung ertheilt. Auf der anderen Seite hat sie stets daran festgehalten, daß die Professoren der Universitäten und speziell die Privatdozenten den übrigen Beamten, hauptsächlich den in obrigkeitlichen Aemtern stehenden nicht in jeder Beziehung gleichgestellt werden könnten, daß ihnen ein weiterer Spielraum für die Aeußerung ihrer Ueberzeugungen gestattet sein müsse.

Die Königlich Preußische Unterrichtsverwaltung hat diesen Unterschied auch stets anerkannt.

Von diesem Standpunkt hat die Fakultät nun die Parteithätigkeit des Dr. Arons seit Juli 1895 geprüft. Und wenn sie auch sehr wünschte, daß dieselbe eine weniger umfangreiche wäre, daß einzelne ungeschickte und übertreibende Redewendungen vermieden worden wären, so findet sie doch in den jährlich 3—5 mal stattfindenden Reden des Dr. Arons auf Partei- und Volksversammlungen nirgend einen solchen Geist gehässiger Parteileidenschaft, solche Unwahrheiten oder Taktlosigkeiten, daß sie veranlaßt wäre, einzuschreiten, wie es die Staatsanwaltschaft beantragte. Sie ist keinen Moment im Zweifel, daß ähnliche Vorwürfe, wie sie etwa Dr. Arons zu machen wären, einzelne Mitglieder aller politischen Parteien, die ebenfalls unter dem Disziplinargesetz stehen, treffen könnten. Da überdies die Staatsanwaltschaft wiederholt erklärte, sie lege auf diese einzelnen Aeußerungen kein Gewicht, so hatte die Fakultät um so weniger Veranlassung, ihrerseits diese Reden strenger aufzufassen, und beschloß die Ablehnung der Remotion.

Sie that dies zugleich in Würdigung der Thatsache, daß Dr. Arons nie versuchte, auf die Studirenden agitatorisch einzuwirken, daß er nach dem Zeugniß der Fachmänner ein ausgezeichneter jüngerer Gelehrter und nach dem Zeugniß aller, die ihn näher kennen, ein tadelloser Privatcharakter ist.

Aus diesen Gründen ist, wie geschehen, auf Freisprechung des Angeschuldigten erkannt worden.

Die Entscheidung in Betreff der Kosten rechtfertigt sich durch analoge Anwendung der Paragraphen 496 bis 499 der Straf= prozeßordnung.

Berlin, den 22. Juli 1899.

(L. S.)

Die Philosophische Fakultät
der Königlichen Friedrich Wilhelms=Universität.

H. A. Schwarz, zur Zeit Dekan.

Weinhold, Vahlen, Wagner, Kirchhoff, Schmoller, Dilthey, Schwendener, Weber, Landolt, Möbius, Fuchs, Hübner, Tobler, F. E. Schulze, Köhler, Sachau, Hirschfeld, H. Grimm, Johannes Schmidt, Kekule, Stumpf, Foerster, von Richthofen, Warburg, von Wilamowitz=Moellendorff, Scheffer=Boichorst, C. Klein, A. Engler, Erich Schmidt, Lenz, Diels, Helmert, Branco, Brandl, Frobenius, Erman, Planck, Delitzsch, Paulsen, Delbrück, Bauschinger, Sering.

Anhang: Die Verwarnung durch die philos. Fakultät vom Jahre 1895.

Philosophische Fakultät.   Berlin, den 25. Juli 1895.
        J.=Nr. 268.

Auf die in Ew. Wohlgeboren Schreiben vom 12. v. M. ertheilte Beant= wortung meiner Fragestellungen vom 4. v. M. habe ich im Auftrag der philo= sophischen Fakultät das Folgende zu erwidern.

Die Fakultät prüft nicht die politische Gesinnung der Privatdozenten, welchen sie die Aufnahme in ihren Lehrkörper gewährt, sondern zieht in erster Linie deren wissenschaftliche Tüchtigkeit und Pflichterfüllung im Berufe in Be= tracht. Sie nimmt daher aus dem Bekenntniß Ihrer idealen Zugehörigkeit zur socialdemokratischen Partei keinen Anlaß zu einem Einwand oder Vorwurf.

Dagegen können sich Bedenken erheben, wenn die freie Erklärung dieser Zugehörigkeit sich nicht nur zu einer agitatorischen Thätigkeit in öffentlichen Versammlungen steigert, sondern auch zu öffentlichen Aeußerungen gegen staat= liche Organe führt, welche — wie aus dem Vergleich Ihrer eigenen Aussage mit dem in meinem Schreiben vom 4. v. M. Ihnen mitgetheilten Wortlaut eines der Fakultät zugegangenen Berichtes hervorgeht — zum mindesten zu

Mißverständnissen Anlaß geben können. Es kann der Fakultät nicht gleichgiltig sein, wenn auf Grund solcher Aeußerungen dem Verdacht Ausdruck gegeben wird, daß ein Mitglied ihres Lehrkörpers gegen den guten Takt verstoßen habe, dessen Beobachtung sie von allen ihren Mitgliedern zu erwarten hat, selbst wenn eine nachträgliche Klärung des Wortlautes oder des beabsichtigten Sinnes die Gründe zu solcher Verdächtigung mildert.

Für unpassend aber muß es die Fakultät erklären, wenn das Bekenntniß Ihrer Anschauungen über Staat und Gesellschaft Sie in öffentlicher Versammlung zu einer weiteren Aeußerung getrieben hat, welche bis an die Möglichkeit strafrechtlicher Verfolgung heranreicht. Dies gilt von der von Ihnen selbst zugestandenen Phrase vom „Siegeszug des rothen Banners". Denn wenn Sie auch in diesem das Symbol der Socialdemokratie erblicken, so bezeichnet doch das Wort nicht minder das Symbol der auf den gewaltsamen Umsturz der bestehenden Staatsordnung gerichteten Parteien.

Die Fakultät sieht sich daher veranlaßt, Ihnen die Verwarnung zu ertheilen, sich in Zukunft solcher Mittel der öffentlichen Agitation zu enthalten, welche entweder direkt durch die thatsächliche Art ihrer Handhabung oder indirekt durch leicht entstehende mißverständliche Auffassung geeignet sind, Ihnen selbst zum Nachtheil zu gereichen und, darüber hinaus, den guten Ruf unseres Lehrkörpers zu schädigen, sowie auch vielleicht in weiterer Folge den Stand der Privatdozenten in ihrem Verhältniß zur Fakultät zu beeinträchtigen.

Der Dekan.

v. Richthofen.

An den Privatdozenten Herrn Dr. Leo Arons.

Wohlgeboren   hier.

---

4. Die Berufungsrechtfertigungsschrift des Staatsanwalts.

Berufungsrechtfertigungsschrift

in der Disziplinar=Untersuchungssache gegen den Privat=
dozenten in der philosophischen Fakultät der Königlichen
Friedrich Wilhelms=Universität zu Berlin
Dr. Leo Arons.

Gegen die Entscheidung der philosophischen Fakultät der· Königlichen Friedrich Wilhelms=Universität hierselbst vom 22. Juli b. J. in der Disziplinar=Untersuchungssache gegen den Privatdozenten Dr. Leo Arons habe ich sofort nach Verkündigung des Urtheils noch in der bezeichneten Sitzung Berufung zu Protokoll angemeldet

2*

(§ 2 des Gesetzes vom 17. Juni 1898 und § 42 des Gesetzes vom 21. Juli 1852) und rechtfertige dieselbe wie folgt:

Hinsichtlich des Sachverhalts nehme ich auf meine Anschuldigungsschrift vom 7. Juli d. J. Bezug. Der Angeklagte hat auch in der Sitzung am 22. Juli die dort behaupteten Thatsachen, daß er der sozialdemokratischen Partei angehöre, ihre Bestrebungen zu fördern sich bemühe und wiederholt bis in die jüngste Zeit hinein agitatorisch für diese Partei eingetreten sei, nicht bestritten. Auch die philosophische Fakultät hat diese Thatsachen anerkannt.

Wenn dieselbe in den Entscheidungsgründen sub I. bemerkt, daß sie zwar nicht verkenne, daß es in der sozialdemokratischen Partei Elemente gegeben habe, und noch gebe, welche zur Revolution und Gewalt neigten, daß sie aber überzeugt sei, daß es ebensoviele Mitglieder und zwar gerade auch unter den angesehenen Führern der Partei gebe, welche jede Gewalt und Revolution perhorreszirten, daß aber dem Angeklagten speziell nicht nachzuweisen sei, daß er auf Revolution und gewaltsame Aenderung der bestehenden Staats- und Rechtsordnung sinne,

wenn die Fakultät sich dann darauf beruft, daß auch das frühere sogenannte Sozialistengesetz vom 21. Oktober 1878 zwischen erlaubten und unerlaubten „sozialdemokratischen" Bestrebungen unterschieden habe, daß dieses Gesetz die Aufhetzung, den direkten und indirekten Appell an die Gewalt, nicht aber die sozialdemokratischen Ideen, deren Bekenntniß und Vertheidigung habe verfolgen wollen,

wenn sie endlich noch darauf hinweist, daß sich neuerdings eine Wandlung innerhalb der sozialdemokratischen Partei vollziehe, und daß ein Theil der Partei die bisherigen politischen und wirthschaftlichen Phantasmen fallen gelassen habe, — so ist demgegenüber Folgendes zu bemerken:

1. Das sogenannte „Erfurter Programm", das heute und zwar seit 1891 gültige Programm der sozialdemokratischen Partei, welches für die Beurtheilung der Ziele der deutschen Sozialdemokratie allein in Betracht kommen kann, zu dem der Angeklagte ausdrücklich sich bekannt hat und welches auch in der Anschuldigungsschrift zur Charakterisirung der Bestrebungen der genannten Partei ausschließlich herangezogen ist, erstrebt

die vollständige Umgestaltung unserer heutigen Staats= und
Wirthschaftsordnung mit Hülfe der zur politischen Macht ge=
langten Arbeiterklasse. Die Verwirklichung dieses Programms
ist, wie solches in der Anschuldigungsschrift dargelegt worden
ist, nur möglich im Wege der Gewalt. Wenn der Angeklagte,
wie die Fakultät annimmt, glaubt, daß „der Kampf der
Arbeiterklasse gegen die kapitalistische Ausbeutung" sich auf
rein gesetzlichem Wege vollziehen, daß der „Uebergang der
Produktionsmittel in den Besitz der Gesammtheit" sich ganz
friedlich bewirken lassen werde, so ist dies gleichgültig, da es
nicht darauf ankommt, was der Angeklagte bei seinem
agitatorischen Auftreten sich vielleicht gedacht hat, wie er die
Verwirklichung der sozialdemokratischen Forderungen erhofft,
sondern darauf, was er erstrebt, und für welche Ideen er die
große Menge, an die er sich in seiner Agitation wendet, zu
gewinnen sucht. Dies aber ist und bleibt die nur mit Hülfe
der Gewalt mögliche Beseitigung unserer heutigen Rechts=
und Staatsordnung.

2. Die Heranziehung des früheren Sozialistengesetzes mit dem
Hinweis auf den dort sich findenden Unterschied von erlaubten
und unerlaubten sozialdemokratischen Bestrebungen ist völlig
belanglos. Heute sind die sozialdemokratischen Bestrebungen
an sich überhaupt nicht für strafbar erklärt. Damit ist aber
nicht gesagt, daß auch der Beamte oder der in einer beamten=
ähnlichen Stellung sich befindende Privatdozent an einer
Königlichen Universität für die sozialdemokratische Partei agi=
tiren darf. Schon in der Anschuldigungsschrift ist hervor=
gehoben, daß die preußische Rechtssprechung in Disziplinar=
sachen ganz konsequent von jeher sich dahin ausgesprochen
hat, daß ein Beamter, welcher die Bestrebungen dieser revo=
lutionären Partei bewußter Weise unterstützt und fördert, sich
des Ansehens und des Vertrauens, die sein Beruf erfordert,
unwürdig macht. Was aber für die Beamten im allgemeinen
gilt, muß nicht minder auch für die an dem Lehrgeschäft der
Universitäten unter staatlicher Autorität theilnehmenden Privat=
dozenten gelten.

3. Wenn sich endlich die Fakultät auf „die bekannte neuere Ent=
wickelung innerhalb der Sozialdemokratie" beruft, wenn sie

damit meint, daß Meinungsverschiedenheiten und zwar über nicht unwesentliche Punkte innerhalb der Partei in letzterer Zeit mehrfach hervorgetreten seien, sodaß auch dies erkennen lasse, daß nicht jedes Bekenntniß zur Partei revolutionäre gewaltthätige Absichten in sich schließe, so ist auch dieser Einwand aus den schon oben unter 1 angegebenen Gründen für die vorliegende Anklage ohne Belang. Denn ganz abgesehen davon, daß es sehr fraglich ist, ob der auch schon in früheren Jahren mehrfach beobachteten Erscheinung von Meinungs= verschiedenheiten innerhalb der sozialdemokratischen Partei irgend welche besondere Bedeutung beizulegen ist, so handelt es sich hier lediglich darum, daß der Angeklagte agitatorisch für eine Patei eintritt, die notorisch auf den Umsturz der be= stehenden Wirthschafts= und Rechtsordnung hinarbeitet und den monarchischen Institutionen grundsätzlich feindlich gegenüber steht. —

Die philosophische Fakultät scheint der Meinung zu sein, wenn dies auch nicht direkt ausgesprochen ist, — und damit berühre ich die Ausführungen in den Entscheidungsgründen sub II — daß die sozialdemokratische Partei den andern politischen Parteien in allen Beziehungen gleichzustellen sei. Es könne daher, so schreibt die Fakultät, nur gefragt werden, „ob der Angeklagte sich bei seiner Agitation, in gewissen Grenzen des Taktes und des Anstandes" gehalten und sich „aller ungerechten, unwahren Behauptungen und gehässigen An= griffe" enthalten habe. Diese Frage aber, welche die Fakultät in den Vordergrund rückt, ist für die Anklage keineswegs von ent= scheidender Bedeutung. Schon in der mündlichen Verhandlung am 22. Juli habe ich mit allem Nachdruck darauf hingewiesen, daß für die Anklagebehörde die Frage der Art der Agitation zurück= trete, daß vielmehr die bloße Thatsache der Agitation für die sozial= demokratische Partei genüge, um den Antrag auf Remotion des Angeklagten zu rechtfertigen.

Im Anschluß hieran ist noch hinzuzufügen, daß die im Ein= gang der Entscheidungsgründe ausgesprochene Behauptung, der Staatsanwalt sei in der mündlichen Verhandlung stets darauf zu= rückgekommen, nicht auf die Agitation, sondern auf die Zugehörig= keit zur sozialdemokratischen Partei komme es an, ganz unrichtig ist. Es lag für mich auch nicht der geringste Anlaß vor, die An=

klage in der mündlichen Verhandlung anders, als in der Anschul=
digungsschrift geschehen war, zu begründen. Im Gegentheil, ich
mußte wiederholt in der Sitzung am 22. Juli die von anderer
Seite gemachten Versuche, das punctum saliens der Anklage zu
verwischen oder zu verdunkeln, zurückweisen.

Nach alledem erscheint das seitens der philosophischen Fakultät
der Königlichen Friedrich Wilhelms=Universität in der vorliegenden
Disziplinar=Untersuchungssache gefällte Urtheil unhaltbar, und ich
wiederhole deshalb meinen in der Anschuldigungsschrift wie in der
mündlichen Verhandlung gestellten Antrag:

> gegen den Privatdozenten in der hiesigen philosophischen
> Fakultät Dr. Leo Arons, der durch sein agitatorisches
> Eintreten für die sozialdemokratische Partei die ihm als
> akademischem Lehrer obliegenden Pflichten verletzt und
> sich hierdurch der Achtung und des Vertrauens, die
> sein Beruf erfordert, unwürdig gezeigt hat, auf Grund
> der §§. 1, 3, 6 des Gesetzes vom 17. Juni 1898 auf
> Entziehung der Eigenschaft als Privatdozent zu er=
> kennen, ihm auch die Kosten des Verfahrens zur Last
> zu legen.

Berlin, den 1. September 1899.

Elster.
Geheimer Regierungsrath.

---

5. Die Beantwortung der Berufungsrechtfertigungsschrift seitens des Angeschuldigten.

Berlin, 15. September 1899.

Antwort
auf die Berufungsrechtfertigungsschrift
vom 1. September 1899.

In allen Stadien der Untersuchung habe ich ausdrücklich er=
klärt, daß ich der sozialdemokratischen Partei angehöre und es mir
angelegen sein lasse, ihre Bestrebungen, die meiner innersten Ueber=

zeugung nach berechtigt und nothwendig sind, zu unterstützen und zu fördern, habe aber stets bestritten, durch diese meine Thätigkeit als Angehöriger und Förderer einer politischen Partei irgend wie meine Pflichten als akademischer Lehrer verletzt zu haben.

Um meine Bethätigung als solche disziplinarisch strafwürdig erscheinen zu lassen, gebraucht der Staatsanwalt von ihr beständig das Wort „Agitation“. Dieses Wort hat im behördlichen Sprachgebrauch eine Nebenbedeutung, indem damit nicht sowohl das bezeichnet wird, was man im gewöhnlichen Leben unter Agitation versteht, die Verbreitung von Ideen in Wort und Schrift, sondern eine in den Mitteln nicht wählerische derartige Thätigkeit. Insoweit der Staatsanwalt Ausdrücke braucht, die den Anschein erwecken sollen, daß ich ein berufsmäßiger Agitator sei, („die große Menge, an die er sich in seiner Agitation wendet“) möchte ich bemerken, daß dieser Eindruck, wenn er hervorgerufen wird, ein unrichtiger ist. Ich betone dies nicht etwa deswegen, weil ich in einem berufsmäßigen Propagiren von Ideen im öffentlichen Leben irgend etwas anderes als lobenswerthes finde, sondern nur, weil ich wünsche, daß der Vertreter der Anklage in dem ferneren Verfahren sich nicht solcher Ausdrücke bediene, die ihm mit dem Anschein zu Hilfe kommen, als ob es sich darum handle, einen berufsmäßigen Agitator von der Universität zu entfernen. Ich meinerseits werde, um mehrdeutige Ausdrücke zu vermeiden, im Folgenden niemals den Ausdruck Agitation, sondern nur den Ausdruck Bethätigung gebrauchen.

Die Anklagebehörde hat ihre Taktik wiederholt geändert, und da nicht feststeht, welchen Standpunkt sie schließlich vertreten wird, muß auf ihren Frontwechsel näher eingegangen werden.

1. Zunächst sollte die Art und Weise meines öffentlichen Auftretens die Handhabe zum Einschreiten gegen mich bieten. Nur so erklärt es sich, daß ich am 22. April 1899 einem höchst eingehenden vierstündigen Verhör auch über eine ganze Anzahl einzelner Reden und Redewendungen unterzogen wurde; am 1. Juni 1899 wurde dasselbe fortgesetzt. Namentlich bei dem zweiten Verhör zeigte sich der Untersuchungskommissar über jede einzelne Versammlung orientirt, in der ich überhaupt nur das Wort ergriffen hatte; wurde mir doch eine solche vorgehalten, in der ich nur zur Geschäftsordnung den

Antrag gestellt hatte, eine Wahl in getrennten Wahlgängen vor=
zunehmen. Nun betonte zwar der Staatsanwalt in der Ver=
handlung vom 22. Juli, daß ihn das Thun des Untersuchungs=
kommissars nichts angehe; dem gegenüber konnte mein Ver=
theidiger auf einen bei den Untersuchungsakten (Fol. 36)
befindlichen Brief des Ministers an den Untersuchungskom=
missar, dat. 16. Mai 1899 hinweisen, in welchem der Kom=
missar, der die Voruntersuchung bereits am 5. Mai 1899
(Fol. 35) geschlossen hatte, von Neuem zu Ermittelungen im
Voruntersuchungsverfahren aufgefordert wird. In diesem
Brief heißt es wörtlich:

„Da das Auftreten des Dr. Arons in dieser Versamm=
lung (sc. vom 26. Februar 1899 mit dem Thema: „Der
Schnaps und die Arbeiter") für die Beurtheilung seiner
agitatorischen Thätigkeit von großer Bedeutung sein kann,
so ersuche ich gefällige Abschrift des Ueberwachungsberichts
zu erbitten und anzufragen, ob A. noch an weiteren Ver=
sammlungen als Redner theilgenommen hat. . . ."

2. Nachdem die höchst eingehende Voruntersuchung ergeben hatte,
daß mein öffentliches Auftreten nach Form und Inhalt auch
nicht die geringste Handhabe zum Einschreiten gegen mich
bot, verzichtete der Staatsanwalt nothgedrungen auf diese
Art der Anschuldigung, ja, er ging in der Sitzung vom
22. Juli — wohl um jedes Eingehen auf die Art meiner
Agitation zu verhindern — soweit, zu erklären, nicht auf die
Agitation als solche, sondern auf die Zugehörigkeit zur sozial=
demokratischen Partei, auf das Bekenntniß zum Erfurter
Programm komme es an.

3. In der Berufungsrechtfertigungsschrift bestreitet der Staats=
anwalt in ausdrücklichem Widerspruch gegen die Feststellung
des Urtheils erster Instanz diesen Standpunkt eingenommen
zu haben, und vertritt den Satz, „daß für die Anklage=
behörde die Frage der Art der Agitation zurücktrete, daß
vielmehr die bloße Thatsache der Agitation für die sozial=
demokratische Partei genüge, um den Antrag auf Remotion
des Angeklagten zu rechtfertigen." — Freilich ist damit nicht
viel geändert, denn der Staatsanwalt erklärt: Die Agitation

war derart, daß sie an sich nicht zur Klage Veranlassung giebt, der Angehörige irgend einer anderen Partei wäre bei derartigem Auftreten unbehelligt geblieben; der Sozialdemokrat ist straffällig.

Aus der ersten Epoche findet sich in den Schriftsätzen des Staatsanwalts nur noch ein kleines Bruchstück — ein Citat aus der von mir am 1. Mai 1896 in der Berliner Unionsbrauerei gehaltenen Festrede. Alles andere war für die Anklage unbrauchbar. Das Citat dürfte selbst in der verkürzten Form, die ihm der Staatsanwalt gab, kein Bedenken erregen. — Der Staatsanwalt hat aber in der Verhandlung vom 22. Juli im Widerspruch zu der sonst üblichen Auffassung von der Aufgabe des Staatsanwalts ausdrücklich erklärt, er habe nur das für den Angeschuldigten Belastende anzuführen. Ich sehe mich deshalb genöthigt, in der Anlage*) das Citat des Staatsanwalts, für welches er sich in der Anschuldigungsschrift auf meine eigene Angabe beruft, mit meiner Angabe in der Voruntersuchung zusammenzustellen.

Als Versuch eines Beweises, daß das bloße Bekenntniß der Zugehörigkeit zur Sozialdemokratie zur Remotion eines Privatdozenten genüge, kann das Heranziehen der Disziplinar-Rechtsprechung gelten. Aber diese Beweisführung ist verfehlt, denn

a) ist die angezogene Rechtsprechung bisher nur vom Oberverwaltungsgericht ergangen — resp. bestätigt worden. — In der Sitzung des Abgeordnetenhauses vom 2. Mai 1898 hat aber der damalige Kultusminister Bosse gegenüber einem von nationalliberaler Seite gestellten Antrag, als zweite Instanz für das Disziplinarverfahren gegen Privatdozenten das Oberverwaltungsgericht zu bestimmen, ausdrücklich erklärt:

„Mit den Privatdozenten hat das Oberverwaltungsgericht auch nicht den Schatten einer Fühlung". Verh. d. Hauses der Abgeordn. 18. Legisl. V. Session 1898 p. 2303 Sp. 1). . . . . Gerade die Dinge, die bei Universitätsangelegenheiten in Disziplinarsachen zur Entscheidung kommen, bedürfen einer Kenntniß, einer Fühlung mit den Universitätsverhältnissen überhaupt" (l. c. p. 2303 Sp. 2) . . . . . „Das Oberverwaltungsgericht hat auch nicht

*) S. u. pag. 34.

einen Schatten von Beziehung zu den Privatdozenten und den Universitäten" (l. c. p. 2304 Sp. 1) .... Ich bitte Sie auf das Dringendste, die Anträge der Herren Abgeordneten v. Cuny und Broemel, soweit sie darauf gerichtet sind, das Oberverwaltungsgericht an die Stelle des Disziplinarhofes und des Staatsministeriums zu setzen, abzulehnen. Ich glaube erklären zu können, auf Grund der Verhandlungen im Staatsministerium, daß das Zustandekommen des Gesetzes ausgeschlossen sein würde, wenn diese Veränderung mit den Kommissionsbeschlüssen vorgenommen würde" (l. c. p. 2304 Sp. 1).

Das Oberverwaltungsgericht wurde mithin von der Regierung zur Beurteilung des Verhaltens der Privatdozenten als so völlig ungeeignet betrachtet, daß man lieber das Gesetz scheitern, als die Privatdozenten jener Jurisdiktion. ausgeliefert sehen wollte.

b) Selbst wenn man das disziplinare Vorgehen gegen gewisse Beamtenkategorien wegen Förderung sozialdemokratischer Bestrebungen billigen will, was mir natürlich fernliegt, so ist doch, wie die philosophische Fakultät in ihrem Urtheil vom 22. Juli 1899 feststellt, die einfache Uebertragung auf die Professoren an den Universitäten und gar auf solche Universitätslehrer, die nicht einmal Beamtencharakter tragen, durchaus unzulässig. Angesichts dieses Urtheils der berufensten Behörde enthalte ich mich jeder weiteren Ausführung über diesen Punkt.

Mit Recht hat sich das Urtheil erster Instanz auch auf das sogenannte Sozialistengesetz (Gesetz vom 21. Oktober 1878) bezogen. Der Staatsanwalt bemängelt das in der Berufungsrechtfertigungsschrift, obgleich er selbst in der Anklageschrift (p. 10 Z. 2 v. u.) auf dieses Gesetz hinweist. Dem gegenüber muß betont werden:

Erstens: Selbst zur Zeit des Bestehens jenes Gesetzes wurde die sozialdemokratische Bethätigung nicht schlechtweg verurtheilt. In der Reichstagssitzung vom 19. Februar 1886 sagte der Bevollmächtigte zum Bundesrat, Vizepräsident des preußischen Staatsministeriums, Staatsminister und Minister des Innern von Puttkamer:

„Ich weise zunächst vollkommen den Standpunkt zurück, als wenn das Gesetz vom Jahre 1878 und die sämmtlichen Gesetze, welche seine Verlängerung ausgesprochen haben, irgendwie die Tendenz der Vernichtung sozialdemokratischer Bestrebungen <u>überhaupt</u> in sich trügen. Nein, das ist nicht der Fall: sondern das Gesetz ist vorgeschlagen und mit Zustimmung der Vertretung der Nation erlassen zur Unter= drückung der revolutionären Form der Sozialdemokratie. Ich denke, der Unterschied ist doch wohl einleuchtend.“

Daß die Praxis der Behörden zur Zeit des Sozialistengesetzes diese Grundsätze in Wahrheit nicht festgehalten hat, ist hier gleichgiltig. Ein Gesetz bleibt Gesetz, auch wenn es verletzt wird.

Zweitens: Als die Reichsregierung am 30. September 1890 das Sozialistengesetz ablaufen ließ, bekundete sie, daß fortan ein öffentlich=rechtlicher Unterschied zwischen der Sozialdemokratie und den übrigen Parteien nicht mehr stattfinden solle. Ein solcher Unterschied ist seitdem nicht von neuem rechtsverbind= lich begründet worden. Die von dem Staatsanwalt angezogenen Urtheile des Oberverwaltungsgerichts sind ebensowenig Rechts= normen, wie das Vorgehen einzelner Staatsminister innerhalb ihrer Ressorts. Sie haben, wie oben bemerkt, aber auch garnichts zu bedeuten für die Beurtheilung des Verhaltens eines Universitätslehrers.

Den Kernpunkt beider Schriftstücke des Staatsanwalts bildet der Versuch, zu beweisen, daß jede Thätigkeit für die sozialdemo= kratische Partei eine Thätigkeit für den gewaltsamen Umsturz sei. Ich stimme dem Staatsanwalt vollkommen bei, wenn er gegenüber dem Hinweis des Urtheils erster Instanz auf die bekannte neuere Entwickelung innerhalb der Sozialdemokratie feststellt, daß „dieser Einwand für die vorliegende Anklage ohne Belang“ sei, und daß, wie er an einer andern Stelle sagt, „das sogenannte Erfurter Pro= gramm . . . für die Beurtheilung der Ziele der deutschen Sozial= demokratie allein in Betracht kommen kann.“ Freilich hat sich der Staatsanwalt keineswegs an diese von ihm selbst aufgestellte Norm gebunden. In der Anschuldigungsschrift citirt er aus dem „Erfurter Programm“ jenen Satz, der den Besitz der politischen Macht als Nothwendigkeit für die Erreichung der Ziele der Arbeiterklasse hin=

stellt. Nun ist aber der Besitz der politischen Macht von jeher der eigentliche Gegenstand des Kampfes zwischen den politischen Parteien gewesen, welchen Namen sie auch führten. Der Staatsanwalt fühlte also selbst, daß seine Behauptung „die Verwirklichung dieses Programmes ist nur auf dem Wege der Gewalt, d. h. der Revolution möglich", auch durch die Wendung, das „ist doch für jeden Einsichtigen klar", nicht hinreichend glaubhaft würde.

Aus diesem Grunde greift der Staatsanwalt, der Anderen nicht einmal die Bezugnahme auf Entwickelungen gestattet, die der Aufstellung des Erfurter Programms zeitlich gefolgt sind, auf Erscheinungen zurück, die mehr als ein halbes Menschenalter hinter uns liegen. In der Anklageschrift bezieht sich der Staatsanwalt auf den Wydener Kongreß von 1880 mit folgenden Worten:

„Als auf dem Wydener Kongreß im Jahre 1880 das Wort „gesetzlichen" („mit allen gesetzlichen Mitteln") aus dem damaligen Parteiprogramme gestrichen worden war . . . ."

Abgesehen davon, daß jenes alte Programm seit 1891 eben durch das Erfurter Programm ersetzt ist, „welches für die Beurtheilung der Ziele der deutschen Sozialdemokratie allein in Betracht kommen kann" muß jener Wydener Beschluß aus den seinerzeit herrschenden Verhältnissen gewürdigt werden. Ich führe nur die bezüglichen Worte aus dem Artikel „Sozialdemokratie" im „Handwörterbuch der Staatswissenschaften" an (Bd. 5. S. 723 Jena 1893):

„Daß im Sturm und Drang des Ausnahmegesetzes die Erörterungen über Fragen des Parteiprogramms gänzlich zurücktreten mußten, versteht sich von selbst. Nur wurde — in natürlicher Konsequenz eines Gesetzes, das eine legale Propaganda unmöglich machte — auf dem Parteikongreß zu Wyden (1880) beschlossen, die Ziele des Kommunismus „mit allen Mitteln" zu realisiren, nicht bloß, wie bisher, mit allen „gesetzlichen"."

Als Mitarbeiter des citirten Werkes nennt das Titelblatt „Dr. L. Elster, Professor der Staatswissenschaften zu Breslau". Dieser Gelehrte ist identisch mit dem Verfasser der Anschuldigungsschrift.

Um wenigstens ein Beweisstück, das für Charakterisirung der Sozialdemokratie angeführt wird, als ganz einwandfrei hinzustellen,

beruft sich die Anklageschrift auf „das offizielle Wydener Manifest".
In der mündlichen Verhandlung aufgefordert, dasselbe vorzulegen,
mußte der Staatsanwalt eingestehen, daß er es nur einem Buche
entnommen habe, nämlich dem Buche von Zacher „Die rothe Inter=
nationale" (2. Aufl. Berlin 1884). Abgesehen davon, daß Zacher
nur von einem „Manifest nach dem Parteitag in Wyden" spricht,
das Wort „offiziell" also von dem Staatsanwalt aus eigenen
Mitteln zugelegt ist, hat der Staatsanwalt in dem Zacher'schen
Citat einzelne Sätze durch Punkte ersetzt und durch diese Weg=
lassungen einen wesentlich anderen Sinn hervorgerufen. Diese Art
der Benutzung ist ungehörig. Es muß aber auch ferner gerügt
werden, daß ein Buch wie das Zacher'sche, das schon durch
seinen Titel ankündigt, daß es nichts anders sein will, als
eine gegnerische Parteischrift, ohne Nachprüfung benutzt wird,
als ob es eine Quellenschrift sei. Die genauere Nachprüfung
hat ergeben, daß ein „Wydener Manifest" überhaupt nicht
existirt. Was Zacher als solches bezeichnet, ist, wie sich
nachweisen läßt, nichts als ein Auszug aus einem ganz ge=
wöhnlichem Zeitungsartikel der damals in Zürich erschienenen
Zeitung „der Sozialdemokrat" (1880 Nr. 38). Die erneute Ver=
gleichung lehrt, daß auch schon bei Zacher aus diesem Artikel
Sätze weggelassen sind und dadurch der Sinn verändert ist. Zum
Beweise wird im Folgenden das vollständige Citat aus dem
„Sozialdemokrat" hergesetzt. Die Stellen, welche bei Zacher fehlen,
sind einfach — die, welche die Anklageschrift unter Punktirung aus=
gelassen hat, doppelt unterstrichen:

> denn die erdrückende Mehrzahl der deutschen Sozialdemokraten
> hat sich niemals dem Wahn hingegeben, daß sie ihre Grund=
> sätze in aller Friedlichkeit auf dem rein „gesetzlichen" Weg
> würde durchsetzen können, d. h. daß die bevorrechteten Klassen
> freiwillig und ohne Zwang ihre bevorrechtete Stellung auf=
> geben würden. Wir haben vielmehr jenen Satz stets in dem
> Sinne verstanden, daß wir einerseits für Anwendung aller
> vorhandenen gesetzlichen Mittel und, wenn auch noch so
> kleinen „Rechte" zur Förderung unserer Zwecke, d. h. gegen
> jede politische Abstention — als ein ungeschicktes Beiseite=

werfen brauchbarer Waffen sind, und daß wir andererseits
zu einer friedlichen „gesetzlichen" Lösung der sozialen Frage
durch Unterhandlung zwischen den beiden einander entgegen=
stehenden Klassen und dadurch ermöglichte allmähliche orga=
nische Entwicklung bereit sind, weil wir unseren Lehren die
Kraft zutrauen, auch bei nur einiger Bewegungsfreiheit im
geistigen Kampf den Sieg zu erringen. Daran aber, daß
wir, **wenn uns die herrschenden Klassen jeden
„gesetzlichen" Weg abschneiden,** deshalb auf die
Durchführung unserer Grundsätze verzichten würden, — daran
hat noch kein deutscher Sozialdemokrat je gedacht, und es
galt von je als selbstverständlich, daß uns in diesem — nach
den Erfahrungen der Geschichte voraussichtlichen — Fall
jedes Mittel recht sein müsse. Will es nicht biegen von oben
herab, so muß es brechen von unten hinauf."

Die allmähliche Entwickelung, in welcher dieses Beweismittel
entstanden ist, ist also folgende: Einem gewöhnlichen Zeitungs=
artikel hat Zacher die Bedeutung eines Manifestes gegeben.
Schon in seinem Abdruck ist durch Weglassung einiger Stellen der
Sinn geändert. Diese Durchsiebung ist in der Anklageschrift fort=
gesetzt und dadurch der Sinn völlig ins Gegentheil verkehrt. Un=
fähig, in den massenweis von der sozialdemokratischen Partei mit
Unterschrift veröffentlichen offiziellen Kundgebungen einen Beweis
für die eigene Behauptung zu finden, hat die Anklageschrift noch
über ihre Vorlage hinausgehend das Schriftstück sogar als „offi=
zielles" Manifest bezeichnet. Das sind die Mittel, mit denen das
Beweismaterial konstruirt worden ist.

Nachdem in der Verhandlung vom 22. Juli dem Staats=
anwalt die verrosteten Wydener Waffen aus der Hand geschlagen
waren, hat er sie für die Berufungsrechtfertigungsschrift nicht
wieder aufgenommen, ja, er geht hier soweit, zu behaupten, daß
er das Erfurter Programm

auch in der Anschuldigungsschrift zur Charakterisirung der
Bestrebungen der genannten Partei (Sozialdemokratie)
ausschließlich herangezogen habe.

Wie diese Behauptung aufrecht zu erhalten ist, da doch die
Anschuldigungsschrift nicht nur bei den Akten liegt, sondern sich auch
offiziell in den Händen von mehr als 40 Personen befindet, bleibt
unerfindlich. Der Staatsanwalt aber, nunmehr für den Beweis
seiner „unbedingten Gewalt"-Theorie auf das Erfurter Programm
beschränkt, weiß sich nicht besser zu helfen, als an Beweises statt
pathetisch auszurufen: •

> „Dies aber ist und bleibt die nur mit Hülfe der Gewalt
> mögliche Beseitigung unserer heutigen Rechts= und Staats=
> ordnung."

Es kann nicht meine Aufgabe sein, hier die vielseitigen Mög=
lichkeiten einer völlig gewaltfreien Entwickelung zu erörtern; die
Unhaltbarkeit der apodiktischen Weissagung des Staatsanwalts er=
hellt am einfachsten, wenn man den ihr nothwendig zu Grund
liegenden Gedankengang logisch formulirt:

Mögen sich auch noch so gewichtige Gründe gegen das Fort=
bestehen unserer heutigen Rechts= und Staatsordnung finden —
und welche Rechts= und Staatsordnung hat je unbegrenzten Bestand
haben können? — möge ihre völlige Umgestaltung im Interesse
des Volkes und des Vaterlandes auch als unbedingte Nothwendig=
keit erkannt werden, nun und nimmermehr werden sich unsere gesetz=
gebenden Faktoren zu einer solchen Umgestaltung bequemen!! Oder
mit anderen Worten:

> Die Anhänger der heutigen Gesellschaftsform würden für ihre
> Person niemals den Sinn für Gesetzlichkeit und Unterordnung
> unter das Gemeinwohl bethätigen, den sie heut von den An=
> hängern der Fortentwickelung so energisch verlangen.

Der Staatsanwalt hat den Beweis für die unbedingte Noth=
wendigkeit einer Gewaltspolitik der Sozialdemokratie nicht erbracht
und Niemand kann ihn erbringen.

Hiermit erscheinen mir alle Grundlagen des gegen mich ein=
geleiteten und durch die Verfügung der sofortigen Suspension ver=
schärften Disziplinarverfahrens vernichtet.

Die Wochenschrift „Ethische Kultur" hat am 29. Juli 1899
geschrieben:

Ein Disziplinarverfahren wäre vielleicht unter einem Gesichts=
punkt gerechtfertigt: Wenn der Privatdozent Arons sich durch
die schon lange im Gang befindlichen Einschüchterungsversuche
hätte bestimmen lassen, seine Ueberzeugung preiszugeben.
Denn dann hätte er sich allerdings der Achtung und des
Vertrauens unwürdig erwiesen, die zur Stellung eines akade=
mischen Lehrers erforderlich sind.

Diese Worte mache ich mir zu eigen. Die prinzipielle Streit=
frage, um die es sich handelt, tritt in sämmtlichen Schriftsätzen der
Anklagebehörde nicht mit genügender Deutlichkeit hervor. Diese
Streitfrage ist nicht, ob und inwieweit der Universitätslehrer sich
am politischen Parteileben betheiligen soll. Es hat zu allen Zeiten
Gelehrte gegeben, die das Ideal eines Gelehrtenlebens in stiller
Zurückgezogenheit erblickten, und andere, die meinten, der Gelehrten=
stand und insbesondere der Stand der Universitätslehrer solle
gerade seine Aufgabe als führender Stand der geistigen Kräfte der
Nation darin suchen, die eigenen politischen Meinungen auch zu
bethätigen. Nicht darum handelt es sich, welche dieser Auffassungen
die richtige ist, sondern: ob der Universitätslehrer diese Frage selbst
entscheiden, oder ob eine vorgesetzte Behörde sie für ihn, sein Ge=
wissen bindend und befreiend, entscheiden solle. Während ich die
Frage, ob und inwieweit der Universitätslehrer seine Parteizugehörig=
keit bethätigen soll, als vollständig disputabel anerkenne, muß ich
die andere Frage als ganz undisputabel bezeichnen. Es wäre eine
Herabwürdigung des Standes der Universitätslehrer, wenn man
ihn auf das Niveau herunterdrücken wollte, auf welchem eine der=
artige Gewissensfrage von vorgesetzten Behörden für ihn entschieden
wird. Ich erkenne die Unterscheidung zwischen Parteizugehörigkeit
und Bethätigung dieser Zugehörigkeit als sittlich berechtigt nicht
an. Der Satz, daß ein Universitätslehrer zur sozialdemokratischen
Partei gehören, diese Zugehörigkeit aber nicht bethätigen dürfe,
hat ein moralisches Niveau zur Voraussetzung, auf welches herab=
zusteigen ich ablehnen muß. Durchdrungen davon, daß die Partei
der ich mich nach Jahre langem reiflichem Nachdenken und nach
schweren inneren Kämpfen angeschlossen habe, den Entwickelungs=
weg zeigt, der für die Zukunft des Vaterlandes der heilsamste ist,
und in vollem Bewußtsein dessen, was eine an dieser Stelle abge=
gebene Erklärung zu bedeuten hat, möchte ich auch vor der höchsten

3

Behörde des Staates einen Zweifel darüber nicht bestehen lassen, daß ein Verzicht auf die Bethätigung meiner politischen Ueber=
zeugungen für mich eine innere Unmöglichkeit ist und bleibt.
     Ich beantrage,
               die Berufung des Staatsanwalts zurückzuweisen.

Dr. Arons.

Anlage. vergl. pag. 26.

Aus der Anschuldigungsschrift p. 10.

In einer bei solcher Gelegenheit am 1. Mai 1896 in der Unionsbrauerei
in Berlin gehaltenen Festrede sagte der Angeschuldigte nach seiner eigenen
Angabe:

> „Zu fröhlichem Fest versammelt, haben wir uns im Augenblick unserer
> Pflichten erinnert und wollen uns geloben, diesen Pflichten treu zu sein.
> Die erste ist, uns unermüdlich in die Ideen des Sozialismus zu ver=
> tiefen und ihr Verbreitung zu fördern. . . . Eine zweite, unverbrüchlich
> den internationalen Gedanken zu pflegen.“

Dann schloß er seine Ausführungen mit folgenden Worten:

> „Ein Zeichen dessen, daß wir uns auch heut wieder die Erfüllung der
> hohen Pflichten, an die uns die Feier des ersten Mai gemahnt, geloben
> und gewillt sind, ihnen, soweit es in unseren Kräften steht, nachzuleben,
> soll es sein, wenn Sie jetzt mit mir einstimmen in unseren Jubelruf:
> Hoch die internationale, die Völker und Menschen befreiende Sozialdemo=
> kratie!“

Meine schriftlichen Angaben in der Voruntersuchung.

Des weiteren wird der Schluß meiner Festrede zum 1. Mai 1896 (gehalten
in der Unionsbrauerei zu Berlin) inkriminirt, im Besonderen giebt der polizei=
liche Bericht auch ein Citat wieder, daß ich aus einer Rede Lassalles vorge=
tragen haben soll und zwar mit folgenden Worten: „Wir sind der Fels, auf
dem die Kirche der Gegenwart errichtet werden soll.“

Daß das Citat nicht korrekt ist (wie aus dem unten angegebenen Wort=
laut hervorgeht) sei nur nebenbei bemerkt. In der Hauptsache habe ich an=
zuführen:

Nach meiner durch flüchtige Aufzeichnungen zwischen den benutzten
Citaten unterstützten Erinnerung schloß ich meine Rede mit folgenden Gedanken:

Zu fröhlichem Fest versammelt, haben wir uns im Augenblick unserer
Pflichten erinnert und wollen uns geloben, diesen Pflichten treu zu sein. Die

erste ist, uns unermüdlich in die Ideen des Sozialismus zu vertiefen und ihre Verbreitung zu fördern.... Eine zweite, unverbrüchlich den internationalen Gedanken zu pflegen.... Ich schilderte, wie die Arbeiterklasse sich die gelehrten Kreise zum Vorbild nehmen müsse, die die erhabene Idee des Völkerfriedens durch immer zahlreicher werdende internationale Congresse und Verbände förderten, indem sie durch diese Veranstaltungen die gegenseitige Anerkennung und Schätzung der Nationen wachriefen und die Vortheile der gemeinsamen internationalen Arbeit barthäten. Ich erinnerte daran, wie der regierende deutsche Kaiser die bisherige internationale Bethätigung der Arbeiterklasse anerkannt habe, als er in dem berühmten Erlaß vom 4. Februar 1890 sagte:

„In der Ueberzeugung, daß auch andere Regierungen von dem Wunsche beseelt sind, die Bestrebungen einer gemeinsamen Prüfung zu unterziehen, über welche die Arbeiter dieser Länder unter sich schon internationale Verhandlungen führen, will Ich, daß zunächst in Frankreich, England und der Schweiz durch Meine dortigen Vertreter angefragt werde, ob die Regierungen geneigt sind, mit uns in Verhandlungen zu treten behufs einer internatialen Verständigung über die Möglichkeit, denjenigen Bedürfnissen und Wünschen der Arbeiter entgegenzukommen, welche in den Ausständen der letzten Jahre und anderweit zu Tage getreten sind".....

Aber noch eine dritte Pflicht erwachse uns. Gewiß sei die Theorie berechtigt, daß eine große Zahl von Lastern und Schwächen ihren letzten Grund in der gedrückten materiellen Lage haben, und gut sei es, wenn diese Erkenntniß zur Nachsicht gegen den Nächsten führe; niemals aber dürfe sie zur Nachsicht des Einzelnen gegen sich selbst führen. Wer der Ehre theilhaftig sein wolle, zur sozialdemokratischen Partei zu gehören, der müsse unaufhörlich an sich selbst arbeiten, der müsse stets bestrebt sein, sich dieser Ehre würdig zu zeigen Es sei unmöglich, diesen Gedanken schöner auszusprechen, als das Lassalle in einer berühmten Rede*) gethan habe. —

Jetzt gab ich folgendes Citat:

Für Alle aber, welche zum Arbeiterstande gehören, folgt aus dem Gesagten die Pflicht einer ganz neuen Haltung.

Nichts ist mehr geeignet, einem Stande ein würdevolles und tief sittliches Gepräge aufzudrücken, als das Bewußtsein, daß er zum herrschenden Stande bestimmt, daß er berufen ist, das Prinzip seines Standes zum Prinzip des gesammten Zeitalters zu erheben, seine Idee zur leitenden Idee der ganzen Gesellschaft zu machen und so diese wiederum zu einem Abbilde seines eigenen Gepräges zu gestalten.

Die hohe weltgeschichtliche Ehre dieser Bestimmung muß alle Ihre Gedanken in Anspruch nehmen. Es ziemen Ihnen nicht mehr die Laster der Unterdrückten, noch die müßigen Zerstreuungen der Gedankenlosen, noch selbst der harmlose Leichtsinn der Unbedeutenden. Sie sind der Fels, auf welchem die Kirche der Gegenwart aufgebaut werden soll!

---

*) Arbeiterprogramm. Ueber den besonderen Zusammenhang der gegenwärtigen Geschichtsperiode mit der Idee des Arbeiterstandes. Von Ferdinand Lassalle. (Gesammelte Werke. Berlin 1893, Bd. II, S. 48 f.

Der hohe sittliche Ernst dieses Gedankens ist es, der sich mit einer verzehrenden Ausschließlichkeit Ihres Geistes bemächtigen, Ihr Gemüth erfüllen und Ihr gesammtes Leben als ein seiner würdiges, ihm ange= messenes und immer auf ihn bezogenes gestalten muß. Der sittliche Ernst dieses Gedankens ist es, der, ohne Sie je zu verlassen, vor Ihrem Innern stehen muß in Ihrem Atelier während der Arbeit, in Ihren Mußestunden, Ihren Spaziergängen, Ihren Zusammenkünften, und selbst, wenn Sie sich auf Ihr hartes Lager zur Ruhe strecken, ist es dieser Gedanke, welcher Ihre Seele erfüllen und beschäftigen muß, bis sie in die Arme des Traumgottes hinübergleitet. Je ausschließender Sie sich vertiefen in den sittlichen Ernst dieses Gedankens, je ungetheilter Sie sich der Gluth desselben hingeben, um so mehr werden Sie wiederum — dessen seien Sie sicher — die Zeit beschleunigen, innerhalb welcher unsere gegenwärtige Geschichtsperiode ihre Aufgabe zu vollziehen hat, um so schneller werden Sie die Erfüllung dieser Aufgabe herbeiführen.

Dann schloß ich etwa folgendermaßen:

Ein Zeichen dessen, daß wir uns auch heut wieder die Erfüllung der hohen Pflichten, an die uns die Feier des ersten Mai gemahnt, geloben und gewillt sind, ihnen, soweit es in unseren Kräften steht, nachzuleben, soll es sein, wenn Sie jetzt mit mir einstimmen in unseren Jubelruf:

Hoch die internationale, die Völker und Menschen befreiende
Sozialdemokratie!

---

6. Das Urtheil des Staatsministeriums als letzter Instanz.

In der Disziplinaruntersuchung wider den Privat= dozenten Dr. Leo Arons hierselbst

hat das Königliche Staatsministerium in seiner heutigen Sitzung, an welcher Theil genommen haben: Der Präsident des Staats= ministeriums, Fürst zu Hohenlohe, die Staatsminister von Thielen, Freiherr von Hammerstein, Schönstedt, Brefeld, von Goßler, Dr. Graf von Posadowsky, Tirpitz, Dr. Studt und Freiherr von Rheinbaben auf Vortrag des dazu bestellten Referenten, nach Kenntnißnahme von dem Gutachten des Disziplinar= hofes vom 18. November 1899, auf die von dem Vertreter der Staatsanwaltschaft eingelegte Berufung beschlossen:

daß die auf Freisprechung gerichtete Entscheidung der philosophischen Fakultät der Königlichen Friedrich Wil= helms=Universität in Berlin vom 22. Juli 1899 dahin abzuändern, daß der Angeschuldigte mit Entziehung der Eigenschaft als Privatdozent zu bestrafen und die Kosten des Verfahrens zu tragen verbunden.

G r ü n d e :

Die Staatsanwaltschaft hat gegen die vorstehend bezeichnete Entscheidung der philosophischen Fakultät der Königlichen Friedrich Wilhelms=Universität in Berlin rechtzeitig Berufung eingelegt. Die= selbe erscheint begründet. Nach dem eigenen Zugeständnisse des Angeschuldigten steht fest, daß er der sozialdemokratischen Partei angehört und es sich angelegen sein läßt, ihre Bestrebungen zu unterstützen und öffentlich zu fördern. Die Disziplinarbehörde erster Instanz nimmt an, daß der Angeschuldigte sich dadurch noch nicht in Widerspruch mit seiner Stellung gesetzt habe, so lange er in seiner Agitation gewisse Grenzen des Taktes und des Anstandes beobachtete und sich aller ungerechten, unwahren Behauptungen und gehässigen Angriffe enthalte. Dieser Ansicht kann nicht bei= getreten werden. Die sozialdemokratische Partei erstrebt den Um= sturz der gegenwärtigen Staats= und Rechtsordnung mit Hülfe der zur politischen Macht gelangten Arbeiterklasse. Die bewußte För= derung dieser Bestrebungen ist unvereinbar mit der Stellung eines Lehrers an einer Königlichen Universität und der sich daraus er= gebenden Verpflichtung, die jungen Leute, welche sich dieser Anstalt anvertrauen, „zum Eintritt in die verschiedenen Zweige des höheren Staats= und Kirchendienstes tüchtig zu machen" (§ 1 der Statuten der Berliner Universität). Ein akademischer Lehrer, der mit der= artigen Gegnern der bestehenden Staats= und Rechtsordnung ge= meinsame Sache macht, zeigt sich des Vertrauens, das sein Beruf erfordert, unwürdig. Der Angeschuldigte hat sich hiernach eines Disziplinarvergehens im Sinne des § 1 Nr. 2 des Gesetzes, be= treffend die Disziplinarverhältnisse der Privatdozenten rc. vom 17. Juni 1898 (G. S. S. 125) schuldig gemacht.

Für die Zumessung der Strafe kommt, abgesehen davon, daß der Angeschuldigte bereits unterm 25. Juli 1895 disziplinarisch wegen unpassender Agitation mit einer Verwarnung seitens der philosophischen Fakultät der hiesigen Universität belegt ist, noch in Betracht, daß die Beschränkung auf eine Ordnungsstrafe nach der ganzen Lage der Sache um so weniger angezeigt ist, als der Angeschuldigte bei der mündlichen Verhandlung vor dem Disziplinarhofe selbst erklärt hat, daß er auch durch eine erneute Verurtheilung sich von der öffentlichen Vertretung der Grundsätze der Sozialdemokratie nicht abhalten lassen werde. Hiernach erscheint als die allein angemessene Strafe die in § 3 des Gesetzes vom 17. Juni 1898 vorgesehene Entziehung der Eigenschaft als Privatdozent.

Es war daher in Uebereinstimmung mit dem Gutachten des Disziplinarhofes wie geschehen zu erkennen.

Berlin, den 20. Januar 1900.*)

L. S.

Königliches Staatsministerium.

Fürst Hohenlohe.